COLLECTION CH. SEDELMEYER

DEUXIÈME VENTE

TABLEAUX

De l'École hollandaise du XVIIe Siècle

Le Samedi 25, Lundi 27 et Mardi 28 Mai 1907

A DEUX HEURES

GALERIE SEDELMEYER, 4bis, rue de La Rochefoucauld

Exposition particulière : Jeudi 23 mai 1907, de 10 à 6 heures.
— *publique :* Vendredi 24 mai 1907, de 10 à 6 heures.

Commissaire-Priseur :
Me Paul CHEVALLIER
10, rue de la Grange-Batelière

Expert :
Jules FÉRAL
7, rue Saint-Georges

CONDITIONS DE LA VENTE

La vente sera faite au comptant.

Les acquéreurs paieront **dix pour cent** *en sus des enchères.*

TABLEAUX DE L'ÉCOLE HOLLANDAISE

<table>
<tr><td>Prix
d'expertise</td><td></td><td>Prix
d'adjudication</td></tr>
</table>

1. ADRIAENSSEN (Alexander). *Collation.*

Panneau. — H., 0,49; L., 0,64.

2. ADRIAENSSEN (Alexander). *La Jardinière de Cuivre.*

Panneau. — H., 0,33; L., 0,71.

3. AELST (Willem van). *Les Pêches.*

Toile. — H., 0,70; L., 0.53.

4. AELST (Willem van). *Les Raisins.*

Toile. — H., 0,68; L., 0,81.

5. BAEN (Jan de). *Portrait d'Homme.*

Toile. — H., 0,71; L., 0,57

6. BAKHUYSEN (Ludolf). *La Flotte hollandaise.*

Toile. — H., 0,72; L., 0,90.

7. BEELDEMAEKER (Adriaen Cornelisz.). *Portrait d'Homme.*

Panneau. — H., 0,75; L., 0,60.

8. BERGEN (Dirck van den). *Cour de Ferme.*

Toile. — H., 0,47; L., 0,63.

9. BEYEREN (Abraham Hendricksz. van). *Le Ciboire de Vermeil.*

Toile. — H., 1,15; L., 0,99.

10. BEYEREN (Abraham Hendricksz. van). *Le Dessert.*

Toile. — H., 1,19; L., 1,01.

11. BEYEREN (Abraham Hendricksz. van). *Les Poissons.*

Toile. — H., 1,00; L., 1.53.

12. BEYEREN (Abraham Hendricksz. van). *Retour de la Pêche, à Scheveningue.*

Toile. — H., 1,15 ; L., 1,53.

13. BEYEREN (Abraham Hendricksz. van). *Le Panier de Fruits.*

Panneau. — H., 0,62 ; L., 0,485.

14. BEYEREN (Abraham Hendricksz. van). *Raisins et Citrons.*

Toile. — H., 0,49 ; L., 0,61.

15. BEYEREN (Abraham Hendricksz. van). *Poissons à l'Office.*

Toile. — H., 0,91 ; L., 1,17.

16. BOL (Ferdinand). *Jeune Femme à l'Œillet rouge.*

Toile. — H., 1,18 ; L., 0,88.

17. BOL (Ferdinand). *Portrait d'un Savant.*

Toile. — H., 1,08 ; L., 0,365.

18. BORSSOM (Anthony van). *Vaches paissant dans un Pré.*

Panneau. — H., 0,70 ; L., 0,95.

19. BRAY (Jan de). *Portrait de la Femme du Concierge de l'Hôtel de Ville de Harlem.*

Toile. — H., 0,75 ; L., 0,615.

20. CAPELLE (Jan van de) (Attribué à). *Le Chaland.*

Panneau. — H., 0,285 ; L., 0,375.

21. CLAESZ (Pieter). *La Cafetière d'Étain.*

Panneau. — H., 0,49 ; L., 0,675.

22. CLAESZ (Pieter). *La Coupe ciselée.*

Panneau. — H., 0,48 ; L., 0,60.

23. CLAESZ (Pieter). *La Coupe renversée.*

Panneau. — H., 535 ; L., 0,755.

24. CLAESZ (Pieter). *Le Jambon.*

Panneau. — H., 0,515 ; L., 0,82.

25. CUYP (Aelbert). *Vaches dans un Paysage montagneux.*

Toile. — H., 1,05 ; L., 1,50.

26. CUYP (Aelbert). *La Bergère.*

Toile. — H., 0,715 ; L., 0,98.

27. CUYP (Aelbert). *Bouvier au milieu de son Troupeau.*

Toile. — H., 0,69 ; L., 1,10.

28. CUYP (Aelbert). *Le Soir au bord du Lac.*

Panneau. — H., 0,41 ; L., 0,375.

29. **CUYP (Aelbert)**. *L'Homme au Calot de Soie noire.*

Panneau. — H., 0,72; L., 0,61.

30. **CUYP (Aelbert)**. *Le Cheval isabelle.*

Panneau. — H., 0,335; L., 0,395.

31. **CUYP (Aelbert)** (Attribué à). *Famille de Berger.*

Panneau. — H., 0,58; L., 0,80.

32. **CUYP (Jacob Gerritsz.)**. *Portrait d'une jeune Princesse.*

Panneau. — H., 1,20; L., 0,88.

33. **CUYP (Jacob Gerritsz.)**. *Portrait d'Adriana Pannier.*

Panneau. — H., 0,72; L., 0,58.

34. **DELEN (Dirck van)**. *Le Tombeau de Guillaume de Nassau,*
dit le Taciturne, à Delft.

Panneau. — H., 0,695; L., 1,00.

35. **DIELAERT (Ch. van)**. *Coings, Pêches et Melons d'Eau.*

Toile. — H., 1,325; L., 1,125.

36. **DOU (Gerard)**. *Portrait de l'Artiste.*

Panneau. — H., 0,455; L., 0,33.

37. **DOU (Gerard)**. *Dans l'Atelier du Peintre.*

Panneau. — H., 0.655; L., 0,52.

38. **DUYNEN (Isack van)**. *A l'Office.*

Toile. — H., 0,73; L., 0,895.

39. **ÉCOLE HOLLANDAISE (XVIIᵉ siècle)**. *Portrait d'Homme.*

Panneau. — H., 1,085; L., 0,85.

40. **ÉCOLE HOLLANDAISE (XVIIᵉ siècle)**. *L'Homme à l'Orange.*

Panneau. — H., 0,86; L., 0,605.

41. **ÉCOLE HOLLANDAISE (XVIIᵉ siècle)**. *Portrait d'Homme.*

Panneau. — H., 1,09; L., 0,79.

42. **ÉCOLE HOLLANDAISE (XVIIᵉ siècle)**. *Fleurs.*

Toile. — H., 0,935; L., 0,605.

43. **ÉCOLE HOLLANDAISE (XVIIᵉ siècle)**. *Fleurs.*

Toile. — H., 0,935; L., 0,605.

44. **ÉCOLE HOLLANDAISE (XVIIᵉ siècle)**. *Portrait de Femme.*

Toile. — H., 0,605; L., 0,485.

45. **ÉCOLE HOLLANDAISE (XVIIᵉ siècle)**. *Portrait de Femme.*

Toile. — H., 0,48; L., 0,415.

46. ÉCOLE HOLLANDAISE (XVII⁰ siècle). *Un Homme d'Église.*
Toile. — H., 0,90; L., 0,71.

47. ÉLIAS (Nicolas), surnommé PICKENOY. *Portrait de Femme.*
Toile. — H., 1,155; L., 0,98.

48. FABRITIUS (Barent). *La Femme à la Bible.*
Toile. — H., 0,74; L., 0,62.

49. FLINCK (Govaert). *L'Enfant à la Toque fourrée.*
Toile. — H., 0,765; L., 0,61.

50. GOYEN (Jan van). *Le Retour de la Noce.*
Panneau. — H., 0,30; L., 0,64.

51. GOYEN (Jan van). *Ville au Bord d'un Canal.*
Panneau. — H., 0,32; L., 0,52.

52. GOYEN (Jan van). *Plage à Marée basse.*
Panneau. — H., 0,39; L., 0,59.

53. HACKAERT (Jan). *Forêt au bord de l'Eau.*
Toile. — H., 0,785; L., 0,98.

54. HALS (Frans). (Attribué à). *Portrait d'un Prince d'Orange.*
Toile. — H., 0,85; L., 0,97.

55. HEDA (Willem Claesz.). *Le Broc d'Étain.*
Panneau. — H., 0,695; L., 0,95.

56. HEDA (Willem Claesz.). *Le Verre de Bohême.*
Panneau. — H., 0,84; L., 0,685.

57. HEDA (Willem Claesz.). *Le Tourteau.*
Panneau. — H., 0,62; L., 0,50.

58. HEDA (Willem Claesz.). *La Coupe.*
Toile. — H., 0,47; L., 0,58.

59. HEDA (Willem Claesz.). *Cafetière et Jambon.*
Panneau. — H., 0,60; L., 0,75.

60. HEDA (Willem Claesz.). *Les Verres de Venise.*
Panneau. — H., 0,51; L., 0,725.

61. HEDA (Willem Claesz.). *La Montre.*
Panneau. — H., 0,30; L., 0,545.

62. HEDA (Willem Claesz.). *Les Huîtres et le Pichet de Grès.*
Panneau. — H., 0,405; L., 0,58.

63. HEDA (Willem Claesz.). *Le Baguier de Nacre.*

Panneau. — H., 0,34 ; L., 0,485.

64. HEDA (Willem Claesz.). *Le Pichet de Grès.*

Panneau. — H., 0,35 ; L., 0,44.

65. HEEM (Cornelis de). *Poulet rôti et Fruits.*

Toile. — H., 0,58 ; L., 0,815.

66. HEEM (Cornelis de). *Le Homard et la Cruche.*

Toile. — H., 0,52 ; L., 0,74.

67. HEEM (Cornelis de). *Les Escargots de Vigne.*

Toile sur panneau. — H., 0,615 ; L. 0,495.

68. HEEM (Cornelis de). *Roses et Raisins.*

Panneau. — H., 0,56 ; L., 0,445.

69. HEEM (Jan Davidsz. de). *La Coupe à Pied.*

Toile. — H., 0,75 ; L., 0,62.

70. HEEM (Jan Davidsz. de). *Les Fleurs.*

Toile. — H., 0,61 ; L., 0,51.

71. HEEM (Jan Davidsz. de). *Les Huîtres.*

Panneau. — H., 0,405 ; L., 0,555.

72. HEEM (Jan Davidsz. de). *Une Assiettée de Fruits.*

Toile. — H., 0,455 ; L., 0,60.

73. HEEM (Jan Davidsz. de). *Gerbe de Fruits et de Fleurs.*

Toile. — H., 0,60 ; L., 0,475.

74. HEEM (Jan Davidsz. de). *Raisins et Pommes d'Apis.*

Toile. — H., 0,37 ; L., 0,465.

75. HEEM (Jan Davidsz. de). *Le Bol de Porcelaine de Chine.*

Toile. — H., 0,39 ; L., 0,51.

76. HEEM (Jan Davidsz. de). *Écrevisses et Citron.*

Panneau. — H., 0,25 ; L., 0,34.

77. HEEM (Jan Davidsz. de). *Le Pâté de Fruits.*

Toile. — H., 0,43 ; L., 0,575.

78. HELST (Bartholomeus van der). *Portrait d'une Femme âgée.*

Panneau. — H., 0,695 ; L., 0,59.

79. HENDRIKS (Wijbrand). *Le Lièvre.*

Toile. — H., 0,84 ; L., 0,695.

80. HEUSCH (Willem de). *Paysage d'Italie.*

Toile. — H., 1,07; L., 1,37.

81. HONDECOETER (Melchior d'). *Après la Chasse aux Lacets.*

Toile. — H., 0,72; L., 0,68.

82. HONTHORST (Gerard van). *Portrait de Guillaume Maurice de Nassau, prince d'Orange.*

Panneau. — H., 0,715; L., 0,575.

83. HOOCH (Pieter de). *La Partie de Jacquet.*

Cuivre. — H., 0,575; L., 0,835.

84. HUCHTENBURGH (Johan van). *Portrait d'Homme.*

Toile de forme ovale. — H., 0,86; L., 0,69.

85. HUYSUM (Jan van). *Fleurs et Fruits.*

Toile. — H., 0,885; L., 0,705.

86. HUYSUM (Jan van). *Fleurs dans une Niche.*

Panneau. — H., 0,665; L., 0,52.

87. HUYSUM (Jan van). *Le Melon d'Eau.*

Toile. — H., 1,055; L., 1.385.

88. JANSSENS (Pieter Elinga). *Le Maître à chanter.*

Toile. — II., 0,295; L., 0,565.

89. JANSSENS (Cornelis) van Ceulen. *Portrait du Docteur William Harvey.*

Toile. — H., 1,12; L., 0,90.

90. JANSSENS (Cornelis) van Ceulen. *Portrait d'Homme.*

Panneau — II., 0,72; L., 0,56.

91. JANSSENS (Cornelis) van Ceulen. *Portrait de Lord Waterpark.*

Toile. — H., 0,715; L., 0,62.

92. JANSSENS (Cornelis) van Ceulen. *Portrait d'Homme.*

Toile. — H., 0,75; L., 0,62.

93. JANSSENS (Cornelis) van Ceulen. *Portrait de Benjamin Rudfort.*

Toile. — H., 0,74; L., 0,61.

94. JANSSENS (Cornelis) van Ceulen. *Portrait de Sir John Gage.*

Toile. — H., 0,795; L., 0,62.

95. JANSSENS (Cornelis) van Ceulen. *Portrait de l'Artiste.*

Panneau. — H., 0,725; L., 0,59.

96. JANSSENS (Cornelis) van Ceulen. *Portrait d'Homme en Armure.*

Toile. — II., 0,73; L., 0,59.

97. **JANSSENS (Cornelis) van Ceulen** (Attribué à). *La Femme à la Rose.*

Toile. — H., 0,90 ; L., 0,71 ....

98. **JANSSENS (Cornelis) van Ceulen** (Attribué à). *Portrait d'une Élégante.*

Panneau. — H., 1,12 ; L., 0,865 ....

99. **JARDIN (Karel du).** *La Sortie du Troupeau.*

Toile. — H., 0,48 ; L., 0,54. ....

100. **JARDIN (Karel du).** *Le Berger.*

Panneau. — H., 0,26 ; L., 0,345. ....

101. **JONGH (Ludolf de).** *Portrait d'une jeune Femme.*

Toile. — H., 0,71 ; L., 0,625. ....

102. **KALFF (Willem).** *Citrons et Coings.*

Toile. — H., 0,71, L., 0,59. ....

103. **KALFF (Willem).** *La Cruche de Grès blanc.*

Toile. — H., 0,705 ; L., 0,54. ....

104. **KALFF (Willem).** *Ciboire de Métal et Verre de Bohême.*

Toile. — H., 0,67 ; L., 0,585. ....

105. **KEYSER (Thomas de).** *Portrait d'Homme.*

Toile. — H., 1,035 ; L., 0,725 ....

106. **KEYSER (Thomas de)** (Attribué à). *Portrait d'une jeune Femme.*

Panneau. — H., 0,665 ; L., 0,55 ....

107. **KOEDYCK (Isaac).** *L'Accouchée.*

Panneau. — H., 0,70 ; L., 0,58. ....

108. **KOEDYCK (Isaac).** *Un Buveur.*

Panneau. — H., 0,51 ; L., 0,38. ....

109. **LELIENBERGH (Cornelis).** *Le Coq de Bruyère blanc.*

Toile. — H., 1,13 ; L., 0,90. ....

110. **MAES (Nicolaes).** *Femme dans un Parc.*

Toile. — H., 0,67 ; L., 0,56. ....

111. **MAES (Nicolaes).** *Portrait d'Homme.*

Toile. — H., 1,00 ; L., 0,78 ....

112. **MAES (Nicolaes).** *Portrait de Femme âgée.*

Panneau. — H., 0,89 ; L., 0,70. ....

113. **MAN (Cornelis de).** *Portrait d'Homme.*

Toile. — H., 1,20 ; L., 0,97. ....

114. **MERCK (Jacobus Fransz. van der)**. *Portrait de Femme.*

Panneau. — H., 0,715; L., 0,57.

115. **METSU (Gabriel)**. *La Lecture.*

Panneau. — H., 0,23 ; L., 0,195.

116. **MEYER (Hendrik de)**. *Une Ville au bord de l'Eau.*

Panneau. — H., 0,63; L., 0,95.

117. **MIEREVELD (Michiel Jansz. van)**. *Portrait d'Homme.*

Panneau. — H., 0,66; L., 0.535.

118. **MIEREVELD (Michiel Jansz. van)**. *Portrait d'un Homme âgé.*

Panneau. — H., 0,58; L., 0,50.

119. **MIEREVELD (Michiel Jansz. van)**. *Portrait d'une Veuve.*

Panneau. — H., 0,685; L., 0,56.

120. **MIEREVELD (Michiel Jansz. van)**. *Portrait d'un Vieillard.*

Panneau. — H., 1,045; L., 0,805.

121. **MIEREVELD (Michiel Jansz. van)**. *Portrait d'un Prince.*

Panneau. — H., 0,62; L., 0,47.

122. **MIEREVELD (Michiel Jansz. van)**. *Portrait d'Homme.*

Panneau. — H., 0,725; L., 0,58.

123. **MIEREVELD (Michiel Jansz. van)**. *Portrait d'une vieille Hollandaise.*

Panneau. — H., 0,81 ; L., 0,60.

124. **MIERIS (Frans van), le Vieux**. *La Femme au petit Chien.*

Panneau. — H., 0,31 ; L., 0,25.

125. **MIERIS (Frans van), le Vieux**. *La Belle Dentellière.*

Cuivre. — H., 0,55; L., 0,425.

126. **MIERIS (Frans van), le Vieux**. *Portrait de l'Artiste.*

Panneau. — H., 0,185; L., 0,14.

127. **MIGNON (Abraham)**. *Fleurs et Fruits.*

Toile. — H., 0,68; L., 0,54.

128. **MIGNON (Abraham)**. *Roses, Tulipes et Pavots.*

Toile. — H., 0,76; L., 0,60.

129. **MIGNON (Abraham)**. *Fleurs et Poissons.*

Toile. — H., 0,86; L., 0,71.

130. **MOLENAER (Jan Miense)**. *Portrait d'un Cadet.*

Panneau. — H., 0,75; L., 0,625.

131. MOLENAER (Jan Miense). *Séduction*.
Toile. — H., 0,92 ; L., 1,25.

132. MOMMERS (Hendrick). *Le Coup de l'Étrier*.
Toile. — H., 0,84 ; L., 1,065.

133. MOOR (Carel de). *Première Aventure*.
Panneau. — H., 0,38 ; L., 0,32.

134. MOREELSE (Paulus). *Portrait d'un Gentilhomme*.
Toile. — H., 1,02 ; L., 0,82.

135. MOREELSE (Paulus). *Portrait de Femme*.
Panneau. — H., 0,60 ; L., 0,49.

136. MOREELSE (Paulus) (Attribué à). *Portrait de jeune Femme*
Toile. — H., 0,785 ; L., 0,64.

137. MUSSCHER (Michiel van). *La Sonate*.
Toile. — H., 1,43 ; L., 1,43.

138. NASON (Pieter). *Portrait d'une Princesse*.
Toile. — H., 1,175 ; L., 0,94.

139. NEER (Aert van der). *L'Hiver sur la Rivière*.
Toile. — H., 0,69 ; L., 0,89.

140. NEER (Aert van der). *Les Pêcheurs à la Ligne*.
Panneau. — H., 0,34 ; L., 0,455.

141. NEER (Aert van der). *Lever de Lune à l'Embouchure du Canal*.
Toile. — H., 0,55 ; L., 0,835.

142. NEER (Aert van der). *Effet de Lune*.
Panneau. — H., 0,43 ; L., 0,67.

143. NEER (Aert van der). *Le Soir sur le Canal*.
Panneau. — H., 0,43 ; L., 0,67.

144. NEER (Aert van der). *Incendie la Nuit*.
Panneau. — H., 0,355 ; L., 0,43.

145. NEER (Aert van der). *L'Incendie*.
Toile. — H., 0,345 ; L., 0,485.

146 NEER (Aert van der). *Incendie*.
Panneau. — H., 0,45 ; L., 0,615.

147. NEER (Eglon Hendrik van der). *La Lettre*.
Toile. — H., 0,775 ; L., 0,62.

148. **OSTADE (Adriaen van).** *A l'Auberge.*

Panneau. — H., 0,305; L., 0,40.

149. **OSTADE (Adriaen van).** *Intérieur de Paysans.*

Panneau. — H., 0,47; L., 0,65.

150. **OSTADE (Adriaen van).** *Les Harangueurs.*

Toile. — H., 0,255; L., 0,21.

151. **OSTADE (Adriaen van).** *Au Coin de l'Atre.*

Panneau. — H., 0,52; L., 0,47.

152. **OSTADE (Adriaen van).** *Le Buveur mécontent.*

Toile. — H., 0,12; L., 0,12.

153. **OSTADE (Isack van).** *En Forêt.*

Panneau. — H., 0,49; L., 0,67.

154. **POTTER (Paulus).** *Chevaux et Vaches au Pâturage.*

Panneau. — H., 0,98; L., 1,265.

155. **POTTER (Paulus)** (Attribué à). *Bœufs au Pâturage.*

Bois. — H., 0,38; L., 0,505.

156. **PYNACKER (Adam).** *Pâturage dans les Bruyères.*

Toile. — H., 0,415; L., 0,475.

157. **PYNACKER (Adam).** *Le Bac.*

Toile. — H., 0,64; L., 0,745.

158. **REMBRANDT VAN RYN.** *Portrait du Peintre par lui-même.*

Panneau. — H., 0,675; L., 0,525.

159. **REMBRANDT VAN RYN.** *Portrait de la Mère de l'Artiste.*

Panneau. — H., 0,29; L., 0,225.

160. **REMBRANDT VAN RYN** (École de). *Portrait d'un Gentilhomme.*

Toile. — H., 0,545; L., 0,485.

161. **RING (Pieter de).** *Les Pêches.*

Toile. — H., 0,615; L., 0,755.

162. **ROMEYN (Willem).** *Chèvres paissant sur la Montagne.*

Panneau. — H., 0,35; L., 0,44.

163. **RUISDAEL (Jacob van).** *Le Chemin descendant de la Colline.*

Toile. — H., 1,05; L., 1,25.

164. **RUISDAEL (Jacob van).** *La Passerelle sur la Rivière.*

Toile. — H., 1,015; L., 1,345.

165. **RUISDAEL (Jacob van).** *Chasseurs à l'Affût.*

Toile. — H., 1,11; L., 0,92.

166. **RUISDAEL (Jacob van).** *L'Étang au pied de la Colline.*

Toile. — H., 0,645; L., 0,81.

167. **RUISDAEL (Jacob van).** *La Maison en Construction.*

Panneau. — H., 0,325; L., 0,34.

168. **RUISDAEL (Jacob van).** *La Chasse au Canard sauvage.*

Toile. — H., 0,385; L., 0,44.

169 **RUISDAEL (Jacob Salomonsz. van).** *Troupeau paissant à l'Entrée d'un Bois.*

Panneau. — H 0,835; L., 1,13.

170. **RUYSDAEL (Salomon van).** *Bord de Rivière en Hollande.*

Panneau. — H., 0,69; L., 0,89.

171. **RUYSDAEL (Salomon van).** *Les Pêcheurs.*

Panneau. — H., 0,67; L., 0,91.

172. **RUYSDAEL (Salomon van).** *Le Sloop de Pêche.*

Panneau. — H., 0,225; L., 0,485.

173. **RUYSDAEL (Salomon van).** *Le Retour du Troupeau.*

Panneau. — H., 0,465; L. 0,625

174. **SOOLMAKER (Jan Franciscus).** *Le Passage du Gué.*

Toile. — H., 0,41; L., 0,56.

175. **STEEN (Jan).** *Le Magister.*

Toile. — H., 0,72; L., 0,63.

176. **STEEN (Jan).** *Les Noces de Cana.*

Toile. — H., 0,77; L., 1,07.

177. **STEEN (Jan).** *La Joie en Famille.*

Toile. — H., 0,775; L., 0,975.

178. **STEENWYCK (Harmen van).** *Poissons près d'une Gourde de Grès.*

Panneau. — H., 0,35; L., 0,48.

179. **STREECK (Juriaan van).** *Raisins, Pêches et Poires.*

Toile. — H., 0,97; L., 0,855.

180. **STREECK (Juriaan van).** *Olivettes, Pêches et Pommes.*

Panneau. — H., 1,02; L., 0,725.

181 **TEMPEL (Abraham van den).** *Portrait de Femme.*

Toile. — H., 0,79; L., 0,65.

182. **VELDE (Adriaen van de).** *Troupeau dans le Marécage.*
Toile. — H., 0,5o5; L., 0,44.

183. **VELDE (Adriaen van de).** *Chevaux au Vert.*
Toile. — H., 0,3o; L., 0,40.

184. **VELDE (Adriaen van de).** *Dispute de Chien et de Bœuf.*
Toile. — H., 0,37; L., 0,49.

185. **VELDE (Adriaen van de).** *Vaches et Brebis au Pâturage.*
Panneau. — H., 0,35; L., 0,43.

186. **VELDE (Adriaen van de).** *Pâturage au bord d'une Mare.*
Toile. — H., 0,47; L., 0,55.

187. **VELDE (Adriaen van de).** *Le Coq et les Poules.*
Toile. — H., 0,8o; L., 1,09.

188. **VELDE (Adriaen van de).** *L'Heure du Repos.*
Toile. — H., 0,14; L., 0,12.

189. **VELDE (Jan Jansz. van de).** *Le Verre de Venise et l'Orange
coupée.*
Toile. — H., 0,39; L., 0,31.

190. **VELDE (Willem van de), le Jeune.** *La Flotte à l'Ancre.*
Toile. — H., 0,77; L., 1,125.

191. **VELDE (Willem van de), le Jeune.** *La Visite à la Flotte.*
Toile. — H., 0,84; L., 1,06.

192. **VELDE (Willem van de), le Jeune.** *Sloops de Pêche à l'Ancre.*
Toile. — H., 0,5o5; L., 0,65.

193. **VELDE (Willem van de), le Jeune.** *Mer calme.*
Panneau. — H., 0,24; L., 0,315.

194. **VELDE (Willem van de), le Jeune.** *La Frégate.*
Toile. — H., 0,295; L., 0,375.

195. **VELDE (Willem van de), le Jeune.** *Coup de Vent au Large.*
Toile. — H., 0,265; L., 0,32.

196. **VELDE (Willem van de), le Jeune.** *Un Coup d'Orage.*
Toile. — H., 0,22; L., 0,32.

197. **VERELST (Herman).** *Portrait d'Homme jeune.*
Toile. — H., 1,265; L., 1,015.

198. **VLIEGER (Simon de).** *Les Pêcheurs au Large.*
Panneau. — H., 0,5o5; L., 0,8o.

199. VLIET (Hendrick Cornelisz. van). *Intérieur d'une Cathédrale.*

Toile. — H., 0,52 ; L., 0,44.

200. VONCK (Jan). *Poissons dans un Panier.*

Panneau. — H., 0,60 ; L., 0,475.

201. WEENIX (Jan). *L'Oie et le Chien.*

Toile. — H., 1,225 ; L., 1,07.

202. WEENIX (Jan). *Le Paon.*

Toile. — H., 1,51 ; L., 1,20.

203. WEENIX (Jan Baptist). *Le Bateau de Fête.*

Toile. — H., 0,58 ; L., 0,745.

204. WEENIX (Jan Baptist). *Chien veillant sur le Butin.*

Toile. - H., 0,71 ; L., 1,08.

205. WEENIX (Jan Baptist). *Le Repos à la Chasse.*

Panneau. — H., 0,585 ; L., 0,825.

206. WITTE (Emanuel de). *La Chaire de l'Église.*

Panneau — H., 0,76 ; L., 0,615.

207. WITTE (Emanuel de). *Intérieur d'Église.*

Toile. — H., 0,745 ; L., 0,615.

208. WITTE (Emanuel de). *Intérieur d'Église.*

Toile. — H., 0,425 ; L., 0,32.

209. WOUWERMAN (Philips). *Combat de Cavalerie.*

Toile.— H., 0,545 ; L., 0,67.

210. WOUWERMAN (Philips). *Départ pour la Chasse.*

Panneau. — H., 0,47 ; L., 0,64.

211. WOUWERMAN (Philips). *Le Repos des Voyageurs au pied des Ruines.*

Toile. — H., 0,63 ; L., 0,795.

212. WOUWERMAN (Philips). *Le Pansage*

Panneau. — H., 0,205 ; L., 0,245.

213. WOUWERMAN (Philips). *Cheval blanc au Vert.*

Panneau. — H., 0,315 ; L., 0,24.

214. WOUWERMAN (Philips). *La Berline dans la Montagne.*

Panneau. — H., 0,405 ; L., 0,43.

215. WOUWERMAN (Philips). *Au Seuil de la Chaumière.*

Panneau. — H., 0,335 ; L., 0,315.

216. WOUWERMAN (Philips). *Chevaux à la porte d'une Auberge.*

Panneau. — H., 0,415 ; L., 0,365.

217. WOUWERMAN (Philips). *Avant le départ pour la Chasse.*

Panneau. — H., 0,38 ; L., 0,495.

218. WOUWERMAN (Philips). *L'Apparition.*

Toile. — H., 0,435 ; L., 0,59.

219. WYNANTS (Jan). *Devant la Ferme.*

Toile. — H., 0,665 ; L., 0,815.

PARIS, IMP. LAHURE.